# ສາຍຮຸ້ງ

ໂດຍ: ຣາເຊວ ແສດເລີ
ຮູບໂດຍ: ເອເລີ ເບນນານ ພິດ

Library For All Ltd.

ອົງການ Library For All ແມ່ນອົງການທີ່ບໍ່ຫວັງຜົນກຳໄລ ທີ່ມີພັນທະກິດທີ່ຈະເຮັດໃຫ້ທຸກຄົນ ສາມາດເຂົ້າເຖິງແຫຼ່ງຄວາມຮູ້ ຜ່ານນະວັດຕະກຳຫ້ອງສະໝຸດດິຈິຕອນ.
ເຂົ້າເບິ່ງລາຍລະອຽດເພີ່ມເຕີມທີ່: libraryforall.org

ສາຍຮຸ້ງ

ຈັດພິມຄັ້ງທຳອິດໃນປີ 2019. ແປ ແລະ ຈັດພິມໃນ ສປປ ລາວ ປີ 2020.

ຈັດພິມໂດຍ: ອົງການ Library For All
ອີເມວ: info@libraryforall.org
URL: libraryforall.org

ປື້ມພາສາລາວເຫຼັ້ມນີ້ ຖືກສະໜັບສະໜູນໂດຍການຮ່ວມມືຂອງ

ຮູບແຕ້ມຕົ້ນສະບັບໂດຍ ເອເລີ ເບນນານ ພິດ

ສາຍຮຸ້ງ
ຣາເຊວ ແສດເລີ
ISBN: 978-9932-09-101-0
SKU00916

# ສາຍຮຸ້ງ

ຂ້ອຍຢູ່ນີ້.

ຂ້ອຍແມ່ນສີແດງ.

ຂ້ອຍຢູ່ນີ້.
ຂ້ອຍແມ່ນສີສົ້ມ.

ຂ້ອຍຢູ່ນີ້.
ຂ້ອຍແມ່ນສີເຫຼືອງ.

ຂ້ອຍຢູ່ນີ້.
ຂ້ອຍແມ່ນສີຂຽວ.

ຂ້ອຍຢູ່ນີ້.
ຂ້ອຍແມ່ນສີຟ້າ.

ຂ້ອຍຢູ່ນີ້.
ຂ້ອຍແມ່ນສີຄາມ.

ຂ້ອຍຢູ່ນີ້.
ຂ້ອຍແມ່ນສີມ່ວງ.

ພວກເຮົາຢູ່ນີ້.
ພວກເຮົາແມ່ນສາຍຮຸ້ງ.

ຂໍ້ມູນທາງບັນນານຸກົມຂອງຫໍສະໝຸດແຫ່ງຊາດ

ຮາເຊວ ແສດເລີ
ສາຍຮຸ້ງ 1 / ໂດຍ ຮາເຊວ ແສດເລີ. -- ຄັ້ງທີ່2. -- ວຽງຈັນ : ມັກອ່ານ, 2020
28 ໜ້າ : ພາບປະກອບສີ ; 21 ຊມ
1. ວັນນະກໍາສໍາລັບເດັກ
2. ສີ
I. ຊື່ເລື່ອງ
808.899282 -- dc21
ISBN 978-9932-09-101-0

ເຈົ້າສາມາດໃຊ້ຄຳຖາມດັ່ງລຸ່ມນີ້ເພື່ອ
ສົນທະນາກ່ຽວກັບເລື່ອງທີ່ອ່ານກັບ ຄອບຄົວ,
ໝູ່ ແລະ ຄູອາຈານ.

ເຈົ້າໄດ້ຮຽນຮູ້ຫຍັງຈາກເລື່ອງນີ້?

ຈົ່ງອະທິບາຍເລື່ອງນີ້ ໂດຍໃຊ້ຄຳບັນຍາຍ
1ຄຳ. ຕະຫຼົກ? ຢ້ານ? ມີສີສັນ? ໜ້າສົນໃຈ?

ເມື່ອອ່ານຈົບແລ້ວ,
ເລື່ອງນີ້ໃຫ້ຄວາມຮູ້ສຶກຫຍັງແດ່?

ໃນເລື່ອງນີ້, ເຈົ້າມັກສິ່ງໃດຫຼາຍທີ່ສຸດ?

ດາວໂລດແອັບ
getlibraryforall.org

# ກ່ຽວກັບຜູ້ປະກອບສ່ວນ

ຣາເຊວ ແສດເລີ ແມ່ນນັກຂຽນບົດກະວີ, ປຶ້ມຮູບພາບ ແລະ ນິຍາຍສຳລັບຄົນທົ່ວໄປ. ລາວເປັນຄູບັນນາຮັກໃນບຣິດເບນ ປະເທດອົດສະຕຣາລີ, ເຊິ່ງອາໄສຢູ່ກັບສາມີ ແລະ ລູກຂອງລາວ 3 ຄົນ. ຣາເຊວມັກໃນການຂຽນເລື່ອງ ເພື່ອ ເຊື່ອມໂຍງຜູ້ອ່ານກັບເລື່ອງນິທານ ເຊິ່ງເປັນສິ່ງກະຕຸ້ນໃຫ້ພວກເຂົາເຫຼົ່ານັ້ນມີຄວາມຮັກໃນການອ່ານ. ລາວເພີດເພີນກັບຄວາມງົດງາມຂອງພາສາ, ການມີສ່ວນຮ່ວມທາງຄວາມຄິດສ້າງສັນຂອງເດັກນ້ອຍ ແລະ ການເຊື່ອມຕໍ່ກັບໂລກອ້ອມຂ້າງ. ຄວາມຊົງຈຳທີ່ດີທີ່ສຸດໃນໄວເດັກຂອງລາວແມ່ນການຄົ້ນຫາສະຖານທີ່ທີ່ເປັນຄວາມລັບໃນສວນຂອງລາວ ເຊິ່ງເປັນບ່ອນທີ່ລາວສາມາດລີ້ ແລະ ອ່ານປຶ້ມໄດ້.

ພົບກັບລາວໄດ້ທີ່: www.rachellesadler.com

## ປຶ້ມຫົວນີ້ມ່ວນບໍ່?

ພວກເຮົາມີປຶ້ມຫຼາຍຮ້ອຍຫົວໃຫ້ເລືອກອ່ານ.

ພວກເຮົາຮ່ວມມືກັບນັກຂຽນ, ຊ່ຽວຊານດ້ານການສຶກສາ, ທີ່ປຶກສາທາງດ້ານວັດທະນະທຳ, ລັດຖະບານ ແລະ ອົງກອນທີ່ບໍ່ຂຶ້ນກັບລັດຖະບານ ເພື່ອນຳຄວາມເພີດເພີນ ໃນການອ່ານໃຫ້ກັບເດັກນ້ອຍທົ່ວທຸກແຫ່ງ.

## ຮູ້ບໍ່?

ພວກເຮົາສ້າງການປ່ຽນແປງທີ່ດີໃນຂົງເຂດນີ້ ໂດຍປະຕິບັດ ເປົ້າໝາຍ ການພັດທະນາແບບຍືນຍົງຂອງສະຫະປະຊາຊາດ.

libraryforall.org

www.ingramcontent.com/pod-product-compliance
Lightning Source LLC
LaVergne TN
LVHW051934220826
846093LV00012B/517

* 9 7 8 9 9 3 2 0 9 1 0 1 0 *